Baron DE VERNEILH
Comte CHARLES DE BEAUMONT

LE
CHATEAU DE PUYCHARNAUD

ET

SES SEIGNEURS

DU NOM DE LA RAMIÈRE

PÉRIGUEUX
IMPRIMERIE DE LA DORDOGNE (ANC. DUPONT ET Cie).
1898

In the interest of creating a more extensive selection of rare historical book reprints, we have chosen to reproduce this title even though it may possibly have occasional imperfections such as missing and blurred pages, missing text, poor pictures, markings, dark backgrounds and other reproduction issues beyond our control. Because this work is culturally important, we have made it available as a part of our commitment to protecting, preserving and promoting the world's literature. Thank you for your understanding.

LE CHATEAU
de
PUYCHARNAUD

Dans la partie granitique de l'arrondissement de Nontron, à l'extrémité de la commune de Saint-Estèphe, se dresse sur une colline, dominant un vaste horizon de prairies et de bois, le grand et beau château de Puycharnaud, que flanquent à droite et à gauche deux pittoresques étangs. Récemment construit en brique et pierre par un habile architecte du Blaisois, M. de la Morandière, en style de la Renaissance, il montre sur son piédestal, encadrés par la verdure luxuriante des chênes qui l'entourent, ses grosses tours et ses pavillons dont la silhouette produit dans le paysage un effet très décoratif.

Ce château, malgré la richesse et la pureté de son architecture, a cependant, pour les archéologues, un grave défaut qui ne disparaîtra qu'avec les siècles : il est moderne. Nous ne nous en occuperions donc pas, s'il n'en avait remplacé un autre de mêmes dimensions, de même plan, dont les fondations et une partie des soubassements ont été utilisés et qui, dans le granit de sa porte d'entrée, avait gravée la date de sa construction, 1596. C'est de ce château, représenté par notre dessin, pendant sa démolition, que nous allons entretenir les lecteurs du *Bulletin*.

Bâti d'un seul jet, par le premier capitaine de La Ramière qui vint de l'Agenais, à la fin du XVIe siècle, s'établir en Périgord ; agrandi et modernisé au XVIIIe siècle, il se composait d'un grand corps de logis au milieu duquel s'élevait une tour carrée où était, comme au château de Cadillac du duc d'Epernon, un escalier à la Romaine, et que flanquaient au nord deux très grosses tours rondes assez disgracieusement coiffées de toitures trop basses, surmontées, suivant une mode assez répandue en ce temps-là, de lanternons. Tel quel, le château avec ses hautes façades, ses grands combles d'ardoises et les mâchicoulis à consoles de ses trois tours, faisait sur son socle de hautes terrasses un effet assez imposant. Avouerai-je que, malgré l'excellente exécution de la sculpture et de l'architecture du château actuel, malgré ses proportions plus harmonieuses, il est certaines parties anciennes dont j'ai regretté la destruction, tout en reconnaissant qu'il était bien difficile de les conserver.

De ce nombre était une lucarne de pierre, élégante et d'un bon style Renaissance, qui s'élevait sur la toiture de la tour d'escalier, et aussi la porte d'entrée cintrée à pilastres, à fronton coupé, à moulures finement taillées dans le granit. Mais on n'a soupçonné l'existence de ce morceau, attestant un bon architecte pour le château primitif, tout au moins un excellent tailleur de pierres, qu'en démolissant la tour carrée au pied de laquelle il était placé.

On avait en effet, au siècle dernier, fait subir au château de la fin du xvie siècle, de notables modifications. Les fenêtres avaient perdu les meneaux dont elles étaient vraisemblablement munies dans le principe. Les lucarnes du corps de logis avaient été refaites en bois avec une grande simplicité ; la porte d'entrée, jugée trop étroite, avait été noyée dans un massif de maçonnerie à angles arrondis, assez saillant pour permettre d'établir au-dessus une terrasse à balustres, et percé au milieu d'une haute et large porte cintrée, accompagnée de pilastres ioniques cannelés, d'un goût détestable. En outre, le corps de logis avait été allongé et se terminait, à droite et à gauche, par des pavillons à angles arrondis comme ceux de la maçonnerie de la porte d'entrée. Toutes ces formes rondes, assez gauchement exécutées, enlevaient à la façade d'entrée tout caractère de fermeté architecturale et ne faisaient pas honneur à l'architecte qui en avait donné le dessin ni aux maçons qui l'exécutèrent. Et, à ce propos, il est à remarquer combien, dans notre contrée granitique, vers la seconde moitié du siècle dernier, l'art de bâtir était en décadence.

CHATEAU DE PUYCHARNAUD

En revanche, celui des distributions intérieures était en progrès. Si on avait enlaidi l'extérieur de Puycharnaud, on l'avait rendu bien plus agréable à habiter. Au lieu de se trouver, en entrant, nez à nez avec l'escalier, on l'avait déplacé et remplacé par un vestibule de bonnes dimensions, sur lequel s'ouvrait la cage de l'escalier neuf. Celui-ci, large, monumental, à marches de granit et à rampe en fer forgé de style Louis XV, était extrêmement doux à monter. Une grande salle, qui datait probablement du xvie siècle, avait reçu une décoration rococo assez réussie et se prolongeait en un salon à boiseries d'un goût très moderne et en une bibliothèque, qui occupaient le pavillon de droite. Dans celui de gauche, une élégante chapelle avec tribune seigneuriale, avait été ménagée, dans laquelle on remarquait des décorations de plâtre ou de stuc d'un goût excellent. En somme, la distribution de ce grand logis était très suffisante, et, avec les tapisseries qui garnissaient un certain nombre de pièces et les beaux ameublements et tableaux qui s'y trouvaient, c'était assurément, au moment de la Révolution, une des habitations les plus confortables du Nontronnais. Elle l'était encore dans ma jeunesse ; cependant l'état de quasi-abandon dans lequel était resté le château pendant le premier Empire, la Restauration et le règne de Louis-Philippe, avait singulièrement défraîchi et détérioré toutes choses et faisait involontairement songer au château de la Belle-au-bois-dormant.

Nous n'avons encore rien dit des terrasses et des fossés qui complétaient fort bien l'ensemble des constructions et donnaient à Puycharnaud un air de fortification anodine. Sur l'extrémité du plateau où s'élevait le château et tout autour de ses murailles, le côté du midi excepté, on avait, au moyen de terres rapportées, établi des terrasses bordées de parapets sur leurs deux côtés, et qui, placées à une petite distance des soubassements, formaient entre leurs murs et ceux des façades, comme une sorte de large fossé. Ces terrasses dataient-elles de la construction primitive ou avaient-elles été ajoutées au xviiie siècle ? C'est une question que je ne veux pas trancher ; mais il y a de grandes probabilités pour que la seconde hypothèse soit la vraie. Quoi qu'il en soit de l'époque à laquelle elles appartenaient, elles avaient été plantées, au levant et au couchant, de marronniers qui formaient une agréable promenade ombragée et encadraient de leur masse touffue la façade du nord, celle des tours, qui dominait des pentes assez abruptes. De ce côté, les terrasses s'arrondissaient en forme de bastions ronds auprès des tours et semblaient en augmenter le volume.

Sur la façade du midi, celle de l'arrivée, une cour ou pour mieux dire une esplanade, s'étendait entre les terrasses et les fossés et était fermée par un fossé qui, cette fois, était assez éloigné de la façade et de la porte d'entrée. Sur ce fossé, deux petites échauguettes carrées, à mâchicoulis et à toits pointus, défendaient, ou tout au moins avaient l'air de défendre, un pont qui donnait accès dans la cour et un portail de fer par lequel elle était fermée. Cet arrangement symétrique des terrasses, des fossés et de la cour d'entrée, conforme aux dispositions habituelles des châteaux du temps d'Henri IV et de son successeur immédiat, ne manquait pas de caractère et avait bien son mérite.

Une avant-cour immense, fermée de murailles, dans laquelle se trouvaient les écuries, et, si j'ai bonne mémoire, des logements de métayers, complétait cet ensemble que remplacent aujourd'hui les pelouses et les allées sablées d'un parc dessiné par Buller. Quelques-uns des vieux marronniers ont pu être conservés ; malheureusement les exigences des nivellements et peut-être la vieillesse, ont fait disparaître un ormeau séculaire dont les rameaux pittoresques faisaient le bonheur des dessinateurs et qui, certainement, était contemporain du premier château.

Cette belle demeure avait été baptisée par son fondateur du nom de *Pécharnaud*. Ce nom s'est transformé en *Peucharnaud* et enfin en *Puycharnaud*. Cette forme de nom *Pech-Arnaud*, jamais usitée dans notre Périgord-Limousin, où les hauteurs sont des *puys*, non des *Pech*, m'avait fait penser que le nom du château était d'importation gasconne comme son fondateur M. de la Ramière, venu de l'Agenais et marié dans notre canton. Je ne me trompais pas. Dans un séjour que je faisais, il y a quelques années, chez un de mes parents, dans

ANCIEN CHATEAU DE PUYCHARNAUD

PENDANT SA DÉMOLITION

les environs de Clairac, je m'informai s'il n'y avait pas eu autrefois, dans le pays, une ancienne famille noble du nom de la Ramière et un château appelé Pécharnaud. On répondit affirmativement aux deux questions ; mais on ajouta que, si le château était toujours là, entre Clairac et Tonneins, la famille n'habitait plus l'Agenais, du moins à ce qu'on croyait. Je m'empressai, comme on pense, d'aller visiter le castel. Il n'avait rien de commun que le nom avec le château du Nontronnais. Beaucoup plus petit et plus ancien, il consistait en un corps de logis, percé postérieurement de fenêtres modernes, mais flanqué à ses quatre angles de très petites tourelles hexagonales où des meurtrières cruciformes du xiv° siècle, donnaient une date certaine. C'était assurément un des plus petits manoirs féodaux qu'on eût jamais bâti pendant la domination anglaise, mais il n'en avait pas moins, grâce à ses tourelles et à ses archères, une apparence de château fort.

C'est de là, de cette gentilhommière gasconne qu'était parti le capitaine protestant qui fonda Puycharnaud et lui donna le nom du château de ses pères. Officier de mérite, au service d'Henri IV dont il reçut diverses lettres, gentilhomme ordinaire de la chambre du Roi, exempt des gardes, ce qui était un grade assez élevé, revenu à la religion catholique à l'exemple de son royal maître (1), marié et établi en Périgord, il y laissa une postérité dont le comte Charles de Beaumont, marié à une de ses descendantes, Mlle de Malet, a dressé la généalogie et la publie dans ce numéro du *Bulletin*. Cette histoire de la famille de la Ramière, écrite d'après les vieux papiers des archives de Puycharnaud, par notre jeune et érudit confrère, excellente recrue pour notre Société archéologique, me dispense de parler de cette lignée de gentilshommes gascons, devenus Périgourdins, que représente aujourd'hui M. le marquis de Malet, colonel d'artillerie.

Je dois cependant ajouter, qu'au moment où allait éclater la Révolution, le dernier comte de la Ramière était un très

---

(1) Le capitaine de la Ramière, mentionné dans l'histoire de de Thou dans les termes les plus flatteurs, joua un rôle important à la bataille de La Roche-Labeille, en Limousin, et, par une manœuvre hardie, fit remporter la victoire à l'armée protestante de Coligny.

grand et riche seigneur foncier, possédant, en outre de la baronnie de Nontron récemment acquise par lui, les terres et les châteaux féodaux de Piégut, Etouars, Champniers, Saint-Barthélemy et « autres lieux, » comme disent les vieux actes. C'est ce qui explique les beaux ameublements, les tapisseries et les œuvres d'art qui garnissaient sa demeure habituelle et lui donnaient un caractère de luxe et d'élégance, assez rare dans la partie granitique du Nontronnais. Presque tout est resté et figure dans le château moderne ; mais avec cent ans de plus, ce qui suffit à défraichir un peu les plus belles choses. Ce qui n'a rien perdu, c'est un splendide cabinet d'ébène de la seconde Renaissance couvert de précieuses sculptures, quelques très beaux portraits, d'intéressants bibelots et de merveilleuses gouaches de Van der Meulen (1). Ces petits tableaux, représentant des sièges et des batailles du temps de Louis XIV entourés d'arabesques et de cartouches d'un goût exquis, figurèrent à Périgueux, à une exposition d'art rétrospectif, organisée en 1864, et y eurent un très grand succès. Un écrivain déjà célèbre, mais qui l'est devenu, hélas ! bien davantage, depuis qu'il s'est occupé de politique au lieu de se consacrer, comme en ce temps-là, aux questions d'art, Henri Rochefort, envoyé à Périgueux par le *Figaro* pour faire un compte-rendu, déclarait au propriétaire des gouaches que, s'il voulait les vendre, ce n'est pas au poids de l'or qu'on les paierait, mais à celui des billets de banque. Malgré cette promesse alléchante, il va sans dire que le marquis Olivier de Malet refusa de s'en défaire. Il n'en avait pas moins été frappé du propos de Rochefort et me le raconta à son retour de Périgueux. Il m'a semblé que, à cause de la notoriété du personnage, fort compétent, comme on sait, en matière de tableaux, l'anecdote méritait d'être racontée. On voudra bien m'excuser de finir par là une notice purement archéologique.

B[on] DE VERNEILH.

---

(1) Les planches ci-contre représentent les deux panneaux principaux du cabinet d'ébène, et l'une des quatre gouaches de Van der Meulen. Celle-ci porte dans le haut le mot : *Charlemont* et dans le bas : *Landrecy*.

PANNEAU D'UN CABINET D'ÉBÈNE
DE LA RENAISSANCE

PANNEAU D'UN CABINET D'ÉBÈNE
DE LA RENAISSANCE

GOUACHE DE VAN DER MEULEN

LES SEIGNEURS de PUYCHARNAUD
DU NOM DE LA RAMIÈRE

Ce n'est pas une généalogie que nous offrons au lecteur ; c'eut été, semble-t-il, la meilleure forme sous laquelle on eut pu présenter les personnages, ainsi que les documents qui les font connaître. Mais la *Société historique et archéologique du Périgord* s'est interdit de publier ces sortes de travaux. Le lecteur ne nous en voudra donc pas si nous ne sommes pas aussi complet que nous aurions pu l'être, et si nous nous voyons forcé de laisser dans l'ombre certaines branches de cette intéressante famille de la Ramière, mi-partie protestante et mi-partie catholique ; nous devons nous borner aujourd'hui à parler des seuls seigneurs de Puycharnaud en Périgord.

Nous ne pouvons cependant garder un silence absolu sur

les ancêtres du premier possesseur, qui, semblable en cela à bien d'autres, se chercha une souche quasi royale (1).

La maison de la Ramière, malgré ses prétentions espagnoles, nous paraît originaire de l'Agenais, où elle a habité un fief de son nom, *la Ramière*, puis *Pécharnault*, dont le savant M. le baron de Verneilh Puyrazeau parle avec tant de compétence à l'occasion du Puycharnaud périgourdin : enfin *Clayrac*, *Monflanquin* et *Tonneins*. Une branche y resta et y demeura fort longtemps protestante ; le rameau qui s'en détacha pour s'établir en Périgord ne tarda point à embrasser la religion catholique.

L'hypothèse émise par M. de Verneilh au sujet de l'établissement du *capitaine la Ramière* dans la paroisse Saint-Etienne Le Droux paraissait très probable ; le site est charmant ; placé sur une petite vallée entre deux étangs, le château jouit d'une vue très étendue sur les collines du Limousin : ne sont-ce pas là les conditions préférées par les gentilshommes de la fin du xvi° siècle, pour y bâtir leur demeure ? A défaut de documents écrits qui forment des certitudes, on doit se contenter d'hypothèses, et alors tout semble bon pour les étayer. Or, il y a non loin de Puycharnaud, entre Marval et Pensol, une sorte de camp retranché en terre qui porte encore le nom de *Redoute de Coligny*. Le capitaine la Ramière faisait partie de l'armée de Coligny, Agrippa d'Aubigné et de Thou en font foi, et si l'on va de la Roche l'Abeille à Saint-Jean-d'Angély, par Pensol, Marval et Piégut, ne passe t-on pas fatalement par Puycharnaud ? On pourrait objecter, il est vrai, que Pierre de la Ramière, dit le capitaine la Ramière, mourut en 1569, et qu'il n'eut point le temps de faire bâtir

---

(1) Les sources auxquelles nous avons puisé sont : l'important chartrier du château de Puycharnaud, que son possesseur actuel M. le marquis de Malet, descendant direct des La Ramière, conserve avec un soin jaloux ; à la Bibliothèque nationale, département des manuscrits : *Carrés de d'Hozier*, vol. 525, doss. 348, f° 349 à 401. — *Cabinet de d'Hozier*, vol. 284, n° 7726. — *Nouveau d'Hozier*, vol. 279, doss. 6449. — *Français*. 32. 132, f° 51, n° 23. — *Armorial général*, Guyenne, p. 304, 444, 953. — Enfin, nous avons utilisé les notes qu'ont bien voulu nous fournir M. le marquis de Cardaillac et M. H. Tamizey de Larroque qui nous a signalé en outre plusieurs pièces aux Archives de Lot-et-Garonne. Nous les en remercions ici sincèrement.

un château de cette importance entre le combat de la Roche-l'Abeille (15 et 16 juin 1569), où il se couvrit de gloire, et le mois d'octobre de la même année, où il fut tué à Saint-Jean-d'Angély ; n'a-t-on pas trouvé d'ailleurs la date 1587 gravée sur une des pierres de l'ancien château. Il est cependant qualifié dans son contrat de mariage en date du 11 octobre 1533, seigneur de Pucharnaud ; mais il s'agit évidemment de la maison noble de Pécharnault, en Agenais, car... s'il faut en croire M. de Laugardière (1), en 1578, le seigneur de la Maisonneuve (il n'est pas encore question de Puycharnaud) était Pierre Emery ou des Aymeries, et en 1607, son petit-fils Annet de Fontaine. Or, le premier la Ramière que nous trouvions comme seigneur de Puycharnaud-la-Maisonneuve (les deux noms se trouvent toujours accolés jusque vers 1650) est un cadet de cette famille, Jean, fils de Jean le gouverneur de Meilhan, l'ami de Henri IV et petit-fils de Pierre, le vaillant *capitaine*. Or, ce Jean de la Ramière épousa le 1ᵉʳ juillet 1617 Anne des Aimerys. La conclusion à tirer, c'est que la Maisonneuve lui vint de ce côté, et que, en souvenir de la maison familiale, il y ajouta le nom de Puycharnaud ; il ne faudrait donc pas non plus attribuer la construction du château à un la Ramière, mais bien à un des Aymeries.

Les armes de la maison de la Ramière sont : *d'azur au sautoir d'or cantonné de quatre étoiles d'argent* ; couronne de marquis ; supports : deux lions (2).

Bien que nous dussions régulièrement ne commencer cette histoire des seigneurs de Puycharnaud qu'à Jean, époux d'Anne des Aimerys, nous croyons utile de remonter à quelques degrés au-dessus, nous contentant de constater que les la Ramière établissent une filiation suivie depuis le commencement du XIIIᵉ siècle. Les titres sur lesquels ils s'ap-

---

(1) R. de Laugardière, *Essais topographiques sur l'arrondissement de Nontron*.

(2) V. d'Hozier *Armorial général :* vid. sup. et les généalogies du chartrier de Puycharnaud. Nous les signalerons en outre : à la clef de voûte de la chapelle de gauche et au sommet de l'arc séparant cette chapelle de la nef, dans l'église de Saint-Estèphe ou Saint-Etienne-le-Droux ; à l'église de Pluviers,

— 12 —

puient ne sont au chartrier de Puycharnaud que depuis 1529 (1) et c'est à cette date que nous commencerons notre étude sans nous occuper autrement du *señor Ramières* qui, au dire de Munster, fut nommé roi vers 720 par un noyau de nobles Goths repoussés dans un coin de l'Espagne par les Sarrazins triomphants.

Passons rapidement sur Claude de la Ramière, fils de Guilhem et de Jehanne de Saint-Michel ; sa principale gloire est d'avoir donné le jour au plus célèbre capitaine la Ramière. Marié en premières noces à Isabeau Salette (2), dont il eut quatre enfants, il épousa en secondes noces Françoise de Cladeuch (3) qui fut la mère de Pierre. Comme seigneur de Prades et de Pécharnault, il rendit hommage le 9 septembre 1531 à Jehanne d'Escars, dame douairière de Caumont, comme dame de Tonneins - dessus ; « elle, étant assise sur un banc,
» dit l'acte, et ledit C. de la Ramière ayant un genou en
» terre sur un carreau de velours violet qu'elle lui baille, et
» le seigneur de la Ramière tenant les deux mains nues sur
» la croix, tête nue, le crucial étant ouvert, ledit de la Ra-
» mière prête foi et hommage et serment d'être bon et fidèle
» vassal, ensemble ses hoirs et successeurs. Ledit seigneur
» de la Ramière donne à ladite dame une paire de gants pour
» la maison de Prades, la baisant à la joue droite en signe
» de perpétuelle dilection, foix, paix et union ». Claude de la Ramière, par son testament du 15 janvier 1548, rendit Pierre, son fils, son héritier universel, ordonna son enterrement

---

à l'extérieur du mur nord, ces mêmes armoiries se voient encore à demi-effacées sur une litre seigneuriale ; enfin l'*ex-libris* de Louis-Gabriel de la Ramière qui se voit en tête de cet article, les montre au milieu d'un gracieux cartouche de style Louis XV, se détachant avec leurs supports et leur couronne sur un soleil rayonnant.

(1) Une note contenue dans une des généalogies du xviii° siècle indique que les titres antérieurs sont restés en Agenais. Nous n'en avons trouvé que l'analyse dans les inventaires dressés par Montozon et Rabastens, commissaires départis.

(2) Ou de la Selle selon le marquis de Cardaillac.

(3) De Cladeuch ou Cladech porte : *d'or à une molette de sable surmontée de 3 billettes du même rangées en chef et une bordure de gueules*. (A. de Froidefond de Boulazac, *Armorial de la Noblesse du Périgord.*)

« dans la chapelle qu'il a dans l'église des Révérents Pères
» Carmes à Tonnens-dessus et qu'il y ait cent prêtres chan-
» tant messe ».

De son premier mariage, Claude de la Ramière n'avait eu qu'un fils, Charles de la Ramière, qui entra dans les ordres ; c'est ce qui explique comment Pierre, bien que n'étant pas l'aîné, fut néanmoins l'héritier universel de son père. Charles, dans son testament du 12 septembre 1553, laissa « plu-
» sieurs beaux biens et meubles à ses sœurs et repré-
» sente que le Sr Pierre de la Ramière, son frère, est assez
» riche et pourveu ; à cette cause ne lui lègue qu'un écu soleil ».

Arrivons enfin au *capitaine la Ramière*. Fils, comme nous l'avons vu, du second mariage de Claude, et de Françoise de Cladeuch, Pierre épousa, par contrat du 11 décembre 1553 Gallienne du Cluzel de la Treyne (1) fille de feu Jean seigneur de la Treyne en Quercy, gentilhomme de la maison du Roi, et de damoiselle Jeanne de Coustin (2), dame de la Treyne. Cette dernière étant morte vers 1557, Pierre de la Ramière reçut de son beau-frère Louis, la somme de 1140 livres pour sa part dans l'héritage maternel de sa femme.

Pierre de la Ramière, comme nombre de gentilshommes de son pays, embrassa la religion protestante, à une date que nous ne pouvons préciser, et entra dans l'armée de Coligny où il ne tarda pas à se faire remarquer. Nous le trouvons d'abord à Orléans, le 11 septembre 1568, faisant rédiger par Dubanc, notaire au Châtelet de cette ville, un codicille à un testament antérieur. Nous le voyons ensuite, le 15 juin 1569, grâce à une manœuvre à la fois savante et hardie, grâce aussi à l'à-propos de cette manœuvre, faire gagner à son parti le combat de la Roche-l'Abeille. De Thou (3) l'appelle « officier d'une grande bravoure », et les

---

(1) Du Cluzel porte : *d'or au chêne terrassé de sinople, planté d'or au cerf passant de gueules, brochant sur le fût de l'arbre*. (De Froidefond, *loc. cit.*)

(2) De Coustin de Bourzolles porte : *d'argent au lion de sable, armé, lampassé et couronné de gueules* (de Froidefond, *loco cit.*)

(3) De Thou, *Histoire universelle*, in-4°, Londres 1734, t. V. p. 592.

événements justifient cette opinion. Coligny, voyant le désordre se mettre dans ses troupes, leur envoya des renforts, et chargea notre héros, accompagné de Rouvray et de Pouilly, de faire le tour du village et de l'attaquer en flanc : « Ils
» marchèrent tous trois, dit de Thou, avec leur détache-
» ment, le long des bords de l'étang, et vinrent prendre les
» catholiques en flanc et en queue. » Les troupes de Strozzi furent ainsi mises en déroute et poursuivies par un corps de cavalerie lancé à cet effet. Il semble donc évident que c'est au capitaine la Ramière que les troupes protestantes durent la victoire.

Quelque temps après, au mois d'octobre 1569, nous retrouvons Pierre de la Ramière enfermé dans la ville de Saint-Jean-d'Angély, en Saintonge, petite place forte mal défendue « n'ayant point de rempars, dit Agrippa d'Aubigné (1)
» commandée tout de son long de divers rideaux de terre,
» assez avantageux, et trop près un fossé profond, mais
» estroit, et n'y ayant de deffense que quelques meschans
» esperons faits de fumier et de fagots que Piles (2) faisoit
» avancer tant qu'il pouvoit. » La garnison se composait d'un peu moins de six cents arquebusiers et soixante cuirasses. Charles IX arriva le 26 octobre 1569 et aussitôt fit sommer la ville de capituler. Le gouverneur répondit qu'il n'avait de comptes à rendre qu'au roi de Navarre, gouverneur d'Aquitaine, qui « les avoit mis là-dedans ». L'armée royale attaqua alors les portes de Niort et d'Aunis ; ce fut pendant le combat que la Ramière, commandant la ville en l'absence de Piles, fut blessé au bras droit par un éclat de canon. Sur l'avis des chirurgiens, son bras fut coupé et il mourut des suites de l'opération trois jours après. Mais, dans l'intervalle, l'assaut des royaux ayant été remis au lendemain de la première attaque, ils « trouvèrent qu'en la nuict, par la dili-
» gence de la Ramière, (lequel y estant blessé s'y fit mourir

---

(1) Agrippa d'Aubigné, *Histoire universelle*, liv. V, chap. XIX. Edit. de Ruble (Société de l'Histoire de France) t. III, pp. 135 et 137.

(2) Armand de Clermont de Piles, l'un des meilleurs capitaines du part protestant, tué à la Saint-Barthélemy.

» de travail) les assiégez avoyent levé une espaule à leur
» droicte et desrobé un flanc au-dessous de la porte d'Aunix,
» d'où les attaquans receurent grand dommage le lende-
» main (1) ». Pierre de la Ramière fut inhumé dans le temple des Cordeliers. Il laissait sa veuve à la tête de sept enfants, six garçons et une fille, tous en bas âge ; l'aîné, Gilles, fut héritier universel à l'exception de la maison de Peucharnault qui fut donnée à Jean, le second. Il s'agit encore ici du castel de Pecharnault en Agenais. Gallienne de la Treyne paraît, après la mort de son mari, avoir été persécutée « à cause de la religion protestante qu'elle et son mari avoient prise », et avoir beaucoup souffert « par divers
» procès et pillage de ses maisons ». « Il se voit, ajoutent les
» inventaires de titres, que la maison étoit très bonne lors
» du décès dudit seigneur son mari par les beaux meubles,
» tapisseries, or, argent, pierreries, papiers et autres choses
» y dénoncées. » Ces inventaires mobiliers, auxquels il est fait allusion, ne se trouvent malheureusement pas au chartrier de Puycharnaud ; ils eussent été intéressants et instructifs à consulter. Gallienne de la Treyne mourut après sa fille, vers 1572.

Nous avons vu plus haut que Jean de la Ramière, second fils de Pierre, eut en partage la terre de Pecharnault en Agenais; il fut, disent les chroniques, un des braves gentilshommes de son temps. Il se maria en premières noces avec Jeanne du Vignal de Broval, et en secondes noces avec Suzanne du Cluzel de la Treyne, sa cousine germaine. De son premier mariage il eut deux fils dont le second, Jean, fut la souche, comme nous l'avons déjà dit, des seigneurs de Puycharnaud-la-Maisonneuve, en Périgord, dont nous parlerons plus loin.

Jean de la Ramière, fils de Pierre, ne paraît pas avoir démérité de son père. Aimé de Henri IV, à la cause duquel sa famille était attachée, fervent protestant, il se lia avec toutes les sommités huguenotes de ce temps, Loménie, Sillery, le vicomte de Turenne futur duc de Bouillon, etc.

(1 Agrippa d'Aubigné, *loc. cit.*

Nommé gouverneur de la ville de Meilhan en Agenais, il s'acquitta de ses fonctions avec fermeté et intelligence, malgré les difficultés qui lui furent suscitées (1).

Nous voici arrivés à ce Jean de la Ramière, second fils du précédent, par lequel nous aurions dû commencer pour nous conformer strictement à la loi que nous imposait le titre de notre travail. Il fut conseiller maître d'hôtel du roi et capitaine d'une compagnie de chevau-légers pour le service de Sa Majesté. Il épousa, le 1er juillet 1617, Anne des Aimerys, fille de feu François des Aimerys, écuyer, seigneur de la Scudre, etc., et de damoiselle Magdeleine de la Rebuterie. Il fut qualifié seigneur de Verrot, de la Sudrie, de Croixdevert et de Puycharnaud-la-Maisonneuve; il habita successivement le château de Saint-Mégrin en Saintonge en 1617, le repaire noble de Croixdevert en 1630, et sans doute plus tard Puycharnaud. De son mariage, il eut cinq enfants dont le fils aîné, Jacques de la Ramière, chevalier, seigneur de la Maisonneuve, la Sudrie, etc., conseiller maître d'hôtel du roi par résiliation de son père, cornette de la compagnie de chevau-légers de la Reine, mère du Roi, épousa (19 juillet 1652), Jeanne Estourneau, fille de feu François Estourneau (2), chevalier, seigneur baron de Riz, de la Mothe Tersanne et de la Perrière, premier chambellan du duc d'Orléans, et de dame Esther Lignaud.

D'après une note rédigée par la dernière la Ramière de la branche périgourdine, la baronne de Wismes, ce serait vers cette époque ou un peu avant, que le château de la Maisonneuve prit le nom de Puycharnaud, en souvenir de l'ancien fief agenais vendu en 1642.

Jacques de la Ramière eut trois enfants, deux filles et un fils. Ce fils nommé Jean comme son aïeul et son bisaïeul, qui fit enregistrer ses armoiries à l'*Armorial général*, épousa Marie Anne Frottier de la Messelière, fille de Charles Frot-

---

(1) Voir *Pièces justificatives*, I à XVII.

(2) Estourneau, seigneurs de Ris de la Mothe-Tersanne, de la Touche, d'Anières, porte : *d'azur à 3 chevrons alaisés d'or, au chef de même chargé de 3 étourneaux essorants de sable* (de Froidefond, *loc. cit*).

tier, chevalier, seigneur de Chamousseau et des Roches, et de dame Renée Frottier, sa femme, par contrat du 21 septembre 1688.

Jean de la Ramière, fils de Jacques, eut pour fils et successeur Charles, qui prit le titre de *marquis* de la Ramière ; nous n'avons nulle part trouvé de lettres patentes établissant un droit à ce titre, et nous pensons qu'il était de simple courtoisie. Seigneur de Puycharnaud, la Maisonneuve, Lacau-Botizon, les Roches, Chantenille, etc., il épousa en premières noces Marie de Rocquard, fille de Pierre de Rocquard, chevalier, seigneur de Saint-Laurens-les-Hommes, la Cour Saint-Maurice, etc., et de Anne de Lambertie, le 24 juin 1720, et en secondes noces, en 1725, Marie Joumard Tison d'Argence, fille de François Joumard Tison, chevalier, seigneur d'Argence, de Dirat, des Courrières, de la Mounette, etc., et de feu Marguerite de Forgues de Lavedan.

C'est de ce mariage que naquit Louis Gabriel de la Ramière, dit le comte de la Ramière.

Par son mariage en date du 25 février 1763 avec Magdeleine-Antoinette du Lau, fille unique de Jean-Antoine marquis d'Allemans et de Magdeleine-Antoinette Le Coigneux de Belabre, il devint un des plus puissants seigneurs du Nontronnais et jeta sur sa maison l'éclat de la fortune. Cette union ne fut pas heureuse ; le seul enfant qui en naquit mourut étouffé dans son berceau par suite d'accident, et peu après la jeune femme le rejoignit dans la tombe. Le marquis d'Allemans, en raison sans doute de ses bonnes relations avec son gendre, lui fit donation, le 18 octobre 1765, de toute sa fortune. De ce chef, Louis Gabriel de la Ramière devint seigneur de Champniers, Piégut, Pluviers, Saint-Barthélemy, Augignac et Saint Etienne-le-Droux ou Saint-Estèphe.

Par contrat du 21 avril 1769, le comte de la Ramière épousa Anne-Louise Pichon de la Rivoire. Le 21 juin 1788, il acheta de Paul-Marie-Arnaud de Lavie, chevalier, seigneur baron de Nontron, comte de Bellade, le marquisat du Bourdeix, et un peu plus tard la baronnie de Nontron (1).

---

(1) Cfr. B⁰⁰ de Verneilh, *Causeries Archéologiques*, dans le *Bulletin de la*

Il mourut le 25 janvier 1789, à la veille de la Révolution, laissant une fille unique, venue au monde après quatorze ans d'attente, Emilie-Joséphine-Jeanne de la Ramière, mariée en 1803 à Stanislas baron de Blocquel de Croix de Wismes. De cette union naquirent deux filles, Mme la vicomtesse de Cornulier, qui eut Champniers ; Mme la marquise de Malet, qui eut Puycharnaud et c'est son fils unique, Jean marquis de Malet, qui le possède encore aujourd'hui.

Le but de ces lignes est double : d'une part accompagner la savante notice archéologique de M. le baron de Verneilh, d'autre part éclairer les documents qui suivent sous le titre de *Pièces justificatives;* ces documents sont mieux que leur titre ne l'indique ; ils ont par eux-mêmes un réel intérêt et méritent d'être lus bien plus que leur introduction.

Cte Charles de Beaumont.

PIÈCES JUSTIFICATIVES

I

LETTRE DE HENRI, ROI DE NAVARRE,

A M. DE PUYCHARNAUD

3 janvier 1588.

Monsr de Peycharnaud j'ay receu vostre lettre, je suys bien marry des incomoditez que vous avez pour la place où vous estes ; mais je vous prye pour cella de ne perdre cœur et vous eforcer le plus qu'il vous sera possible de les surmonter jusques à ce que je soye pardella qui sera en bref, Dieu aydans et lors j'y donneray l'ordre que vous aurez occacion (?) de vous contenter ; sans les crues (?) qui sont très grandes vous m'eussiez eu plus tost ; mais asseurez-vous que je ne vous oublieray poinct et scauray, recongnoistre le service que vous m'aurez faict. Quand aux nouvelles que vous me mandez

---

Société historique et archéologique du Périgord, XIV, p. 188. — R. de Laugardière, *Essais topographiques... sur l'arrondissement de Nontron* dans le tome XIV, pp. 248, 322, 326, 395, 401 et le tome XIX, p. 192.

des forces qui viennent a Mr le maréchal de Matignon (1), j'ay advis qu'elles venoyent (?) seullement a Mr le maréchal d'Aumont (2) pour luy ayder à prendre le Blanc en Berry et puys que ceux de dedans se sont renduz pour s'en retourner çà et là et ne viendroient poinct en deça ayant sceu come Monseigneur de Matignon vient à Fleurance (3). Si vous aprenez quelque chose, faictes m'en part, sur tout je vous prye de prendre courage pour la conservacion de vostre place et y faire tout ce que vous jugerez importer pour mon service, de sorte que la garnison y soyt entretenue. Je me promectz cella de vous ; aussy pouvez-vous faire certain estat de mon amityé et ceste-cy n'estant à aultre fin je prieray Dieu vous avoyr Monsr de Peycharnauld en sa saincte et digne garde. — De Mauvaizin (4) ce IIIe jour de janvier 1588.

Vostre byen afectyonné amy

HENRY.

(Adresse :) Monsr de PEYCHARNAULD,

(En côté est écrit :) *Ne varietur.*

RABASTENS, *comissaire* ;
MONTOZON, *comissaire.*

II

LETTRE DU VICOMTE DE TURENNE

A M. DE PUYCHARNAUD

1er novembre 1589.

Henry de la Tour viconte de Turenne (5), conte de Montfort et premier gentilhomme de la chambre du Roy, capitayne de cinquante

---

(1) Jacques de Goyon de Matignon, 1525-1597. Maréchal de France en 1579 et lieutenant général de Guyenne en 1584. Il devait battre le roi de Navarre à Nérac quelques jours après.

(2) Jean d'Aumont dit *le Franc Gaulois,* maréchal de France (1522-1595), tué d'un coup de mousqueton à Camper, près Rennes, en combattant le duc de Mercœur.

(3) Chef-lieu de canton de l'arrondissement de Lectoure, département du Gers (Armagnac).

(4) Chef-lieu de canton de l'arrondissement de Lectoure. Le rôi de Navarre. y passa du 2 au 7 janvier 1588.

(5) Henri de la Tour d'Auvergne, vicomte de Turenne, devenu duc de Bouillon en 1591, par son mariage avec Charlotte de la Marck, héritière de Bouillon et Sedan. Né en 1555, il mourut en 1623, après avoir épousé en secondes noces une fille du prince d'Orange dont il eut le célèbre maréchal de France ;

hommes d'armes, de ses ordonnances, commandant en Guyenne pour le service de Sa Majesté au Sʳ de Peucharnaut, gouverneur de Meilhan (1), salut. Ayantz esté advertiz que pour parfaire la fortiffication que nous avons ordonné estre faicte aud. Meilhan et le rendre en estat de déffense, il est besoing et expédient de faire démolir et razer certaynes maison qui empeschent que ladite fortiffication ne se puisse parachever et qui demeurantz debout et en l'estat qu'elles pourroient beaucoup nuyre et endommager tant à la conservation que desfance dudit lieu et qu'en oultre il est nécessaire de prendre grande quantité de tonneaulx, barriques et aultres vaisseaulz et aussi faire couper quelque quantité de bois près et èz environs de ladite ville, le tout pour estre employé au faict de ladite fortiffication tant pour la ville du hault que pour le fort d'embas nommé de Sorbez, près duquel mesmes il y a certain bois, ou l'ennemy se pourroit cacher et faire embuscades. A ceste cause nous vous mandons et enjoignons par ces présentes de prendre finalement (?) et sans delay à faire travailler à la démolition desd. maisons que vous jugerez nuyre et pouvoir apporter empeschement et préjudice à lad. fortiffication, et construction d'icelle ; faire prendre desd. tonneaulz, barriques et aultres vaisseaulz, la quantité que vous advisez estre nécessaire, et en oultre faire coupper et abbattre les bois qui seront de besoing pour faire fascines et estre employées à lad. fortiffication en lieulx que seront plus proches et commodes et notamment celuy qui sera près dud. fort de Sorbez ; et toutes fois avec le moins de dommage que faire se pourra. De ce faire vous avons donné et donnons pouvoir, authorité, commission et mandement spécial. Mandons et enjoignons aulz consulz et habitantz dud. Meilhan et aultres qu'il appartiendra qu'à vous en ce faisant ilz obéissent et entendent prestant toute l'ayde, faveur et le nombre de charroy et manœuvres que besoing sera.

Donné à Nérac (2) le premier de novembre mil Vᶜ IIIIˣˣ neuf.

TURENNE

Par Monseigneur : COUTON (?)

(Trace d'un cachet.)
(En côté est écrit :) Montozon commissaire.
Ne varietur : Rabasteins commissaire.

Henri IV, auquel il était très attaché, le nomma maréchal de France en 1592 et le chargea de missions importantes en Angleterre.

(1) Meilhan, chef-lieu de canton de l'arrondissement de Marmande, département de Lot-et-Garonne (Agénois).

(2) Chef-lieu d'arrondissement du département de Lot-et-Garonne.

III

LETTRE DU VICOMTE DE TURENNE

A M. DE PUYCHARNAUD.

29 décembre 1589.

Henry de la Tour, vicomte de Turenne au Sr de Puicharnault, commandant pour le service du Roy à Meillan, salut. Ayant esté advertiz que pour parfaire la fortification que nous avons ordonnée estre faicte aud. lieu de Meillan pour le rendre en estat de déffense tel qu'il est besoing pour le servisse de Sa Majesté. Il est besoing et très nécessaire de faire demollir et razer quelques maisons qui empeschent que lad. fortification ne se peut parachever pour que dorénavant en l'estat qu'elles sont pourroient de beaucoup nuire et rendre comme inutilles le fort, qu'aussy pour faire les bastions et terrasses nécessaires il faut faire couppe de quelque quantité de bois près lad. ville de Meilhan pour servir de fassines. A ceste cause nous vous avons commis et depputé, commectons et depputons par ces présentes tant pour faire faire la démollition des maisons que vous jugerez nuire et servir d'empeschement à lad. fortiffication pour construction d'ung fort aud. lieu de Meillan, que pour faire faire couppe de elle quantité de bois que besoing sera pour faire lesd. facinnes ez lieux les plus commodes et moings domageables néanmoins au public que faire se pourra. De ce faire vous avons donné et donnons plein pouvoir, commission et mandement especial, mandant aux consulz et habitans dud. Meillan et à tous autres qu'il apartiendra que à vous en faisant prester tout ayde en vous fournissant tel nombre de charroy que besoing sera.

Donné à Nérac, le XXIX décembre MV^e IIII^{xx} neuf.

TURENNE.

Par Monseigneur : ROZEL.

(Petit cachet : écu écartelé aux 1er et 4e de..... semé de France à une tour ouverte de..... qui est de la Tour ; aux 2e et 3e de..... à trois fasces de.....)

IV

LETTRE DE HENRI IV, ROI DE FRANCE

A M. DE PUYCHARNAUD

7 avril 1590.

Henry, par la grâce de Dieu, Roy de France et de Navarre, à notre bien amé le Sr de Puycharnaud, salut. Ayant confiance qu'il est expédient pour notre service de tenir quelque nombre de gens de guerre dans la ville et chasteau de Meillean sur la Garonne pour s'opposer aux courses et oppressions que ceulx de la ville Marmande qui sont déclarés rebelle et autres de leur party pourroient faire à nos bons subiectz ; aussy pour conserver et déffendre la dite ville et chasteau de Meillan en nostre obéissance et à ceste occasion estant besoing de faire ellection de quelque personnage pour leur commander ; Nous pour l'assurance que nous avons de vostre fidellité, vaillance et expérience au faict des armes et bonne diligence. Pour ces causes et autres à ce Nous mouvant vous avons commis, ordonné et depputté, commectons, ordonnons et deputons par ces presentes pour la conservation et garde de nostre ville et chasteau de Meillan, et vous avons donné et donnons pouvoir et puissance de commander aux gens de guerre qui sont et seront ordonnez pour lad. place et se trouveront comprins en l'estat de garnison que nous faisons dresser pour toute la province de nostre pays de Guyenne ; regarder et avoir socil à la seureté et conservation d'icelle ville et chasteau ; empescher les courses et rompre les entreprises et desseings que nosd. subiectz rebelles pourroient avoir sur icelle, leur courir sus et résister par toutes voyes et manières que verrez le pouvoir faire ; commander aux habitants et pareillement ausd. gens de guerre ce que vous congnoistrez estre pour le bien de nostre service ; faire vivre ceulx gens de guerre avec ung ordre et police et générallement faire par vous ce que jugerez estre au bien, repos et conservation de lad. ville et chasteau en nostre obéissance ; le tout soubz l'auctorité touteffois de nostre très cher et amé cousin le Sr de Matignon, maréchal de France, commandant pour nostre service en nostre dit pays de Guyenne, auquel nous mandons que de nostre présente commission vouloir et intention il vous face, souffre et laisse jouyr et user plainement et paisiblement ; et à vous obéyr et entendre de tous ceulx et aultrez qu'il appartiendra, et choses touchans et concernans icelle Car tel est nostre plaisir. Donné au camp de Melun le viie jour d'avril l'an de grâce mil cinq cens quatre vingtz dix et de nostre règne le premier.

Par le Roy : FORGET.

HENRY.

(En travers est écrit :) *Ne varietur*,

RABASTENS, commissaire,
MONTOZON, commissaire.

Veu par nous : DUPUY, commissaire.

(Grand sceau de cire blanche, en mauvais état, sur simple queue de parchemin.)

V

LETTRE DES CONSULS DE MEILHAN

A CHARLES DE LA RAMIÈRE

20 septembre 1590.

Monsieur, nous avons peu entandre que le cappitaine Roy envoye homme exprès vers la Maiesté du Roy à laquelle il escrit, ensemble à Mr de Pucharnault vostre frère, nostre gouverneur et par ce que sur le différent que nous avons heu en vostre présence et depuis il pourroyt escripre contre nous, nous vous avons vouleu envoyer ceste-cy pour vous prier humblement (croyans que led. homme envoyé vers lad. Maiesté ne fera son voyage que n'en soyes adverty) nous fere c'este honneur de vouloyr tesmoigner la bonne affection que vous avez cogneu de nous au service de la Maiesté et les bons offres que nous fismes la dernière foys qu'estiès en ce lieu tant pour la conservation de la place que fortification d'icelle que led. cappitaine Roy n'auroyt vouleu accepter, ains au contraire prins toute la charge, nous privant par ce moyen de noz debvoyrs et authorités contre lequel nous serions opiniatrés à raison du commandement qu'il entreprins de soy-mesme, le tenant comme le plus grand ennemy que le pouvre peuple de ce lieu aye comme les effectz passés en ont rendeu témoinage, mesme en ce que en vostre présence nous ayant promis de nous rendre dix escus de quatorze qu'il en avoyt prins de ceux de Marmande, il a refuzé contre sa promesse de nous bailher. Que nous importe la continuation des accordz faictz avec les susdits de Marmande pour nostre repos ; qu'est le plus grand domaige que nous scauroyt advenir pour la récolte de noz effruictz et ruine du pouvre peuple. Nous vous supplions donc, Monsieur, croire que nous ne sommes aultres que ce que nous vous avons juré pour rendre l'obéissance que debvons à ceux à qui il apartient. Laquelle Monsieur vostre frère estant ycy, ou vous en son lieu vous montrerons par effetz cy évidentz que ne prandres occasion de vous plaindre de nous pour demurer à jamais, Monsieur, vos affectionés serviteurs

    Les consuls de Milhan

                     FRAUBERES, GRAUX, J. DEBOUGES.

A Milhan ce XX° septembre 1590.

S'il vous plaisoyt escripre aud. cappitaine Roy pour le faict dud. Marmande, peult estre que cela empescheroyt l'interruption dud. accord.

(Adresse :) — à Monsieur — Monsieur Charles de la Ramière à Thonens (1).

VI

LETTRE DU VICOMTE DE TURENNE

A M. DE PUYCHARNAUD

1er décembre [1590].

Monsr de Puychernaud, j'ay voulu vous faire la présente estant très asseuré que serez bien aise d'entendre de mez nouvelles. Je suis arrivé en Angleterre depuis quinze jours en ça ou j'ay esté receu le plus honorablement, que seigneur qui y soit venu il y a longtemps. Après y avoir heureusement faict les affaires du roy, je me prépare à partir pour l'Allemaigne (2). J'espère que le mesme heur m'y accom-

---

(1) Tonneins, chef-lieu de canton de l'arrondissement de Marmande.

(2) Nous croyons curieux de rapprocher de cette lettre les passages suivants de l'*Histoire du maréchal duc de Bouillon* :

« Dès que le vicomte de Turenne eut reçu les instructions pour la reine d'Angleterre, pour les Provinces-Unies et pour les princes protestants de l'Allemagne, il partit pour l'Angleterre (il avait ordre du Roy de commencer par là) accompagné de Pallavicin et de Paul Choart de Buzanval que le Roy y envoïoit en qualité d'ambassadeur ordinaire, car le vicomte avoit celle d'ambassadeur extraordinaire..... La Reine qui avoit vu le Vicomte lorsqu'il avoit accompagné le maréchal de Montmorency du temps de son ambassade en Angleterre et qui avoit oüi depuis parler de lui comme d'un seigneur d'un mérite extraordinaire, souhaitoit passionnément de le connoître. Elle

paignera et que je seray au mois d'avril sur la frontière avec une bonne armée. J'ay laissé en Court Rozel (1) et votre frère pour solliciter vos affaires de Meillan. Je m'asseure qu'ilz y apporteront toute la dilligence requise. Conservez moy votre amitié et asseurez vous qu'en toutes les occasions ou je vous pourray demonstrer les effectz de la mienne, je le feray de très bonne affection comme celluy qui est

Vostre affectionné amy

TURENNE.

A Londres ce premier décembre.

(Adresse :) — A Monsr — Monsr de Puychernaud

(Original signé.)

VII

LAISSER PASSER DU DUC DE MAYENNE

POUR M. DE PUYCHARNAUD

27 mai 1592.

Le duc de Mayenne, lieutenant général de l'Estat et Couronne de France (2).

A Vous, gouverneurs de provinces, villes et places, ou leurs lieutenans, capitaines, chefs et conducteurs de gens de guerre, et tous autres qu'il apartiendra sur lesquelz nostre pouvoir s'étend, nous vous prions et néanmoins enjoignons très expréssement de laisser librement et seurement passer le s^r de Peucharnault luy sept^{me} avec chevaux, armes et bagages, s'en allant de Paris pour ses affaires

---

le reçut donc avec toute la distinction due à sa naissance, à ses grandes qualitez et à l'estime particulière qu'elle avoit pour lui..... Quelques jours après, le vicomte s'embarqua pour la Hollande, accompagné de Pallavicin et de Buzanval. Il y eut des conférences avec le prince Maurice..... après avoir renvoïé Buzanval en Angleterre rendre compte à la Reine de ce qu'il avoit négocié auprès des Etats, il s'embarqua pour Hambourg et de là se rendit par Dresde, ou Christian I du nom, Electeur de Saxe, faisoit sa résidence. Dans la première audience que le Vicomte eut avec ce Prince, il lui rendit la lettre du Roy (du 3 octobre 1590) [*Histoire du Maréchal duc de Bouillon*, t. III, pp. 19-25. Amsterdam 1726.]

(1) Secrétaire du vicomte de Turenne.

(2) Charles de Lorraine, duc de Mayenne, deuxième fils de François de Guise (1584-1611), se déclara chef de la Ligue et lieutenant général du royaume en 1589.

particulières, sans luy faire ny souffrir estre faict tant en allant que à son retour aucun empeschement ains tout ayde, secours s'il en a besoin. Et ne servira le présent passe port que pour deux mois et la promesse que pendant ledit temps, ledit S⁻ de (sic) ne fera chose préjudiciable à ce party. Donné à Rouan le XXVII may 1592.

Charles DE LORRAINE.
BAUDOUYNET.

(En travers est écrit :) Veu par par nous.

(Cachet aux armes.)   DUPONT commissaire.

VIII

LETTRES PATENTES DE HENRI IV
POUR LA VILLE DE MEILHAN.
19 juin 1592.

Henry par la grâce de Dieu Roy de France et de Navarre, à tous ceulx qui ces présentes lettres verront, salut. Nos amez le S⁻ de Peuchernault, gouverneur de nostre ville et château de Meillan, et les consulz de lad. ville nous ont faict dire et remonstrer que estant lad. ville de Meillan, sciutée sur la rivière de Garonne en lieu très important pour résister aux villes circonvoisines estant de la faction de la Ligue et d'ailleurs en une assiette très forte de nature, nostre très cher et bien amé cousin le duc de Bouillon ayant lors commandement en Guyenne auroit commandé ausd. pos⁻ᵗˢ de faire fortifier lad. ville, et à ceat effect prendre et desmolir les maisons qu'ilz jugeroient nécessaires pour faire lesd. fortiffications et dont il leur auroit baillé ses commissions particulières ; à quoy ils auroient obéy et satisffait et ainsy qu'ilz auroient estimé pour le mieux ; depuis lequel temps et après nostre advènement à ceste couronne nostre dit cousin, le duc de Bouillon auroit obtenu de nous créations patentes par lesquelles nous avions advoué, auctorisé et confirmé tout ce qu'il auroit faict ou faict faire en Guyenne tant au faict de la guerre que au faict de la justice et police. Ce néantmoins aucuns desd. habitans de Meillan desquelz les maisons ont esté qrinses et desmolies comme dict est pour lesd. fortiffications ont poursuivy et poursuivent encores de présent lesd. exposans au Parlement de Bourdeaulx et s'en promettent une finalle comdemnation qui seroit directement contre noz voulloirs et intentions assez déclarées par nosd. créations d'adveu et consfirmation octroyée à nostre dit cousin le duc de Bouillon. Nous, à ces causes et aultres considérations à ce nous mouvant de nostre propre mouvement, certaine science, plein pouvoir et autorité royal, et après avoir sur ce eu l'advis de nostre conseil à nous en conséquence desd. premières créations advoue, auctorise et confirme, advouons, auctorisons et confirmons tout ce qui a été faict par led. Sr de Peuchernault, gouverneur et consulz de nostre dite ville de Meillan, en vertu des pouvoir et commission à eulx baillé par nostre dit cousin le duc de Bouillon ; et ce faisant avons cassé, révocqué et annullé, cassons, révoquons et annulons toutes lesd. poursuittes contre eux pour ce regard, faictes et intentes en nostred. cour de Parlement de Bourdeaulx et à icelle et aussy à tous noz aultres juges avons interdict toute court, jurisdiction et congnoissance pour laquelle nous nous sommes réservée et à nostre conseil privé faisant tres expresse déffense aud. Parlement d'en plus congnoistre et ausd. particuliers habitans d'y en faire plus aucunes poursuittes à peine de nullité et de tous despens, domaiges et interestz. Et oultre voullons, ordonnons et nous plaist que lesd. fortiffications soient continuées et parachevées par lesd. exposans en ce qui reste ay fortiffié sans qu'il y soit faict ou donné aucun contredict et empeschement. Sauf à pourveoir de récompense à ceux ausquelz appartiennent lesd. maisons tant celles qui ont esté ja démolies que celles qui faudroit encore desmollir pour parachever lad. fortiffication pour laquelle ils se pourvoiront par devers nostre cousin le maréchal de Matignon pour information faicte de la valeur d'icelles et de la qualité de ceux à quy elles appartiennent, nous donner adviz de la juste récompense qui leur en sera due et sur quoy elle pourra estre plus seurement prinse et assignée pour le tout veu y estre par nous pourveu. Mandons aussy en oultre au premier de noz huissiers ou sergens sur ce requis faire toutes significations et exploicts que besoing sera pour l'exécution de cesd. présentes sans pour ce demander place, *visa ne pareatis :* car tel est nostre plaisir.

Donné au camp de Ste Foix le XIXme jour de juing l'an de grâce mil Ve quatre-vingtz douze, et de nostre règne le troisième.

HENRY.

Par le Roy : FORGET.

(En côté est écrit :) *ne varietur* ; RABASTENS commissaire.

MONTOZON, commissaire.

Veu par nous : DUPUY commissaire.

(Original parchemin, grand sceau (perdu) sur simple queue de parchemin.

IX

BREVET DE PENSION ACCORDÉE PAR HENRI IV
A M. DE PUYCHARNAUD.

30 avril 1603.

Aujourd'huy dernier d'avril mil six cens trois le Roy estant à Fontainebleau voulant recognoistre les services qu'il a cy devant receus et reçoit journellement du Sr de Peucharnaut, luy a accordé la pension de six cens escus que souloit avoir le feu Sr de Nesde (1) pour en jouir à commencer du jour de décedz dud. Nesde et à ceste fin qu'il sera employé en l'estat des garnisons entretenues à ceulx de la religion prétendue réformée au lieu et p'ace dud. de Nesde et en la mesme forme qu'il y estoit employé. M'ayant à cest effect Sa Majesté commandé en delivrer aud. Sr de Peucharnaut toute expédition necessaire, mesmes le présent brevet qu'elle a signé de sa main et faict contresigner par moy conseiller en son Conseil d'Estat et secrétaire de ses commandements.

HENRY.
FORGET.

(En travers est écrit :) Veu par moy commissaire subdélégué.
MONTOZON.

Ne varietur RABASTENS, commissaire.

X

LETTRE DE M. DE LOMÉNIE A M. DE PUYCHARNAUD.

23 avril 1604.

Monsieur, la vostro du IIme de ce moys me fust rendue le XIIII^m en suyvant avec celles que vous escrivyez au Roy, lesquelles il veyt à l'instant. Et despuys m'a comandé la response cy-incluse come aussy celles rescriptes à Mr de la Fare, lesquelles je vous prye luy fayre tenir. Ayant cy après (?) par la voye de la poste accusé la réception des siennes. Plustost vous eussyez eu response de moy ; mais avant j'en voulloys avoyr de Mr de Rosny (2) de ce qui vous

---

(1) Peut-être Nesde, commune du canton de Benassais (Vienne).

(2) Maximilien de Béthune, duc de Sully, baron de Rosny, titre qu'il porta pendant longtemps (1560-1641).

Mr de puycharnault, J'ay reçu une l[ett]re por ce porteur
et non celle que vous m'aviès envoyée que j'ay trouvé
fort estrange ylest uray que uenant du lyeu du
quel elle uyent elle ne pouuoyt estre autre, vous
m'auiès fet ceruyce agreable de me l'annuyer, &
contynues de m'auertyr de ce que vous aprandris
ymporter à mon ceruyce & ne craygnès poynt que
ie ne vous protege contre quy que ce soyt & &
fae pour vous l'ocazyon sans o frant car uous man
deriès trop d'ocazyon aussy uous vous pouriès
assurer que ie ny manqueray james vous auès
peu sauoyr come le mynystre renault san est &
retourné à son eglyse apres mauoyr veu & &
croy quyl ce loue de moy come feront tous aus &
quy ce maynthendront an leur deuoyr sur ce Dieu
uous ayt m[onsieu]r de puycharnault an sa saynte & dygne
garde ce ix me aut à fontenebleau

HENRY

LETTRE DE HENRI IV A M. DE PUYCHARNAUD

9 août [1604].

concernoyt, vous verrez par la coppye de celle qu'il m'escript que je vous envoye ce qui vous concerne ; or c'est donc à vous à adviser à qui vous voullez envoyer, procurations ou en blancs pour resevoir ce qu'il vous fault et vous a esté promis. A quoy je tyendray la main qu'il n'y ayt point de faulté. Et si en quelque aultre occasion je vous puys servyr je reseuray à faveur (illisible) de vos (illisible). Je vous pryeray de me continuer vostre amityé et m'advertyr de ce que vous jugerez que je doibve scavoyr et dire au Roy, à quoy je ne manqueray nullement non plus que à vous tesmoigner que le Roy a byen reseu les vostres et que vous luy avez faict plaisir et pour fin que je suys vostre très humble serviteur.

DELOMÉNIE (1).

Ce XXIIIme avril 1604 à Fontainebleau.

(Adresse.) — Monsieur, Monsieur de Puecharnault, gentilhomme ordinaire de la chambre du Roy, à Puecharnault.

(Au dos est écrit :) 23e avril 1604. Lettre escripte par ordre du Roy Henry quatre à Monsieur de Pécharnault, son gentilhomme ordinaire, par Monsieur de Loménie son secrétaire.

Pour nobles Philippe et Charles de la Ramière, père et filz.

Contre coté et signé.

(En travers est écrit :) MONTOZON, commissaire.

XI

LETTRE DE HENRI IV A M. DE PUYCHARNAUD (2).

9 août [1604].

Mr de Peucharnault, j'ay receu vostre lettre par ce porteur et veu celle que vous m'aviés anvoyée que j'ay trouvée fort estrange. Yl est vray que venant du lyeu duquel elle vyent elle ne pourroyt estre autre, vous m'aviés fet cervyce agréable de l'anvoyer, et contynues de m'avertyr de ce que vous aprandres ymporter à mon cervyce et ne craygnés poynt que ie ne vous protège contre quy que ce soyt et fere pour vous, l'ocasyon s'an ofrant, car vous m'andonés trop l'ocasyon aussy vous vous pouvez asseurer que ie n'y manqueray. James vous

---

(1) Antoine de Loménie (1560-1638), fils de Martial de Loménie, greffier du Conseil, massacré comme protestant à la St-Barthélemy. Il fut ambassadeur de Henri IV à Londres en 1595 et secrétaire d'Etat en 1606.
(2) Voir le fac-simile ci-contre.

aviez peu savoyr côme le mynystre Renault s'an est retourné à son églyse après mavoyr veu et je croy qu'yl ce loue de moy come feront tous ceus quy ce mayntyendront an leur devoyr. Sur ce Dieu vous ayt Mr de Peucharnault an sa saynte et dygne garde ce IXme aut à Fontenebleau (1).

Henry.

(Adresse :) — A Monsr de Peucharnault.

(Au dos :) — à Fontenebleau 13e aoust.

Lettre du roi Henry quatrième par laquelle il remercie Mr de Peucharnauld des soings et advis qu'il lui donnoit pour son service le prioit de continuer.

Pour nobles Philippe et Charles de la Ramière.

— Contrecoté et signé.

(En marge) — Montozon, commissaire.

(Autographe.) *Ne varietur* Rabasteins comm.

XII

LETTRE DE HENRI IV A M. DE PUYCHARNAUD.

21 avril [1605].

Mr de Peucharnaut, J'ay été byen ayse d'aprandre par la vostre du VIIIe de ce moys que ce porteur m'a randue ce quy s'est passé an l'assamblée de Bergerac (2) et n'ay poynt esté trompé de l'opynion que j'ay tousjours eue que ceus de dela ce conformeroyent à la résolusyon que ceus de deca leur manderoyent avoyr prynse ; mes j'espère au bref ouyr sur cella leurs deputes quy sont près de moy et leur feré antandre ma volonté, laquelle n'a james este de ryen altérer à mon edyt ny à ce que ie leur ay promys ; et pour le regard de Mr de Bouyllon je feray veoyr que ce que j'ay mandé de luy est verytable. Pour ce quy nous concerne, je suy très mary de ne pouvoyr ce que vous me demandies, car il y a desjà quelque tems que j'ay dyspose de l'abbaye de Clayrac (3) an faveur de quelques uns quy sont à Rome ; mes

---

(1) Nous avons pu établir la date de 1604 grâce au recueil des lettres de Henri IV publié par M. Berger de Xivrey.

(2) Chef-lieu d'arrondissement du département de la Dordogne.

(3) Clérac ou Clairac, canton de Tonneins, arrondissement de Marmande, Lot-et-Garonne (Agenais). Place forte importante dès le xiie siècle et entière-

côme ie vous ay promys, ie ne manqueray à fere pour vous et m'an souvenyr aus ocasyons pour vous tesmoygner côme je vous ayme et vous feray dôner deus mylle escus à prandre sur les denyers extraordynayres. Je vous prye de continuer à m'avertyr de ce que vous aprandres ymporter à mon servyce et veyller que ryen ne ce passe an vos quartyers de quoy je ne soys averty, asseurant de ma part tous les jans de byen et paysybles que ie les ayme. Sur ce Dieu vous ayt Mr de Peucharnaut an sa saynte et dygne garde ce XXme avryl à Parys.

HENRY.

(Adresse :) — A Monsr de Peucharnaut.

(En marge est écrit :) — MONTOZON, comissaire.

Ne varietur RABASTEINS comm.

(Au dos :) — Lettre du roy Henry quatre en original escritte à Monsieur de Peucharnaud en date de 1605.

Jean de Laramière sgr de Peucharnaut, trysayeul de Louis Gabriel de Laramière.

(Au dos encore d'une autre écriture :) Lettre du roi Henri quariesme, contenant remerciement d'advis et prière de continuer ses soins et services et faveurs de Monsieur de Pecharnault.

Pour nobles Philippe et Charles de la Ramière.

Contre coté et signé.

(Autographe.)

XIII

LETTRE DE M. DE LOMÉNIE A M. DE PUYCHARNAUD

21 avril 1605.

Monsieur, la vostre du VIIIe de ce moys me fust rendue par ce présent le XIXe au matin en ceste ville. A l'instant je fey veoyr au Roy celle que j'adresseyt à luy et à Mrs de Sillery (1) et de Rosny. Incontinent après, suyvant le commandement qu'il m'en feyst, vous verrez la responce qu'il m'a commandé de vous fayre. Bien marry pour votre

---

ment protestante au XVIe. L'église paroissiale dédiée à St-Pierre avait le titre d'abbaye dont la mense qui valait 12,000 livres fut réunie par Henri IV à la collégiale de St-Jean de Latran à Rome.

(1) Nicolas Bruslart de Sillery (1544-1624) magistrat, ambassadeur, puis chancelier de France en 1607.

particulier de n'avoyr peu ce que vous désiryez de moy qui scays vos services et vos mérites. Mais j'espère que le roy vous tyendra promesse M`r` de Sillery m'en ayant encor asseuré. Au demeurant si je ne me trompe, vous debvez estre byen payé de ce dont vous estes assigné sur le petit estat d'aultant que M`r` de Rosny me l'a ainsy asseuré, vous pourrez crere que ci j'auray moyen de vous servyr vous m'y trouverez très disposé. Le Roy est venu icy fayre un tour il s'en retourne dans troys jours à Fontainebleau pour y commencer une diète de huit ou dix jours, d'aultant que despuys huit jours qu'il est icy il a esté assailly d'un petit de goute au pied droict. Maintenant il en est guéry et n'en a aucun mal que la foiblesse de son pied.

La Royne, Monseigneur le Daulphin et Madame se portent très byen Dieu mercy. Ce sont la les meilleures nouvelles que je vous puisse mander et par ce je finiray la myenne en vous baisant très humblement les mains en qualité de

Votre très humble serviteur

Deloménie

Ce XXI`e` avril 1605, à Paris.

(Adresse :) Monsieur — Monsieur de Peucharnaut, gentilhomme ordinaire de la chambre du Roy — A Peucharnaut.

(Au dos est écrit :) Lettre de M. de Lauménie à Jean de la Ramière, seigneur de Peucharnaud, trysayeul de Louis-Gabriel de la Ramière, écrite de la part du Roy Henry quatre en 1605.

XIV

LETTRE DE HENRI IV A M. DE PUYCHARNAUD
29 mai 1607.

Mons`r` de Peucharnault, pour responce à celle que vous m'avez escripte par ce porteur, je vous diray que je crains que ce gentilhomme qui vous a parlé faict fort le renchéry, et que quand j'auray parlé à luy je n'aprandray pas grand chose de luy. C'est pourquoy je ne suis d'advis de luy commander de me venir trouver que premier il ne vous assure que venant il me dira chose importante à mon service et me descouvrira ces voyageurs ; pour ce qui vous concerne touchant le procez que vous a suscité le s`r` de Bassignac vous debvez espérer d'avoir icy aussy tost justice que à Thoulouse, assuré que m'ayant bien et fidèlement servy, je vous protegeray, et feray en sorte qu'il ne vous sera faict aucune injustice, au contraire que vous l'aurez, car de révocquer la convoqation (?) que j'ay cydevant accordée à mon cousin le duc de Buillon, c'est chose que je ne puys ; bien feray ce en sorte sy vous venez icy que vous recebvroz contentement en vos affaires, et que je vous feray conoistre que je n'ay perdu la memoire de vos services ; et cestuy n'estant à autre fin, je prieray Dieu vous avoir Monsr de Peucharnault, en sa s^{te} et digne garde. Escript à Fontainebleau le XXIXe jour de may 1607.

Signé

HENRY
DE LOMÉNIE.

(Adresse :) — à Monsr de Pucharnault

(En côté est écrit :)

Ne varietur RABASTENS comissaire, MONTOZON comissaire.

(Au dos est écrit :) 29 mai 1607.

Lettre du roi Henry quatre à Monsr de Pecharnault qui lui marque tesmoignage de service et de recognoissance — Pour nobles Philippe et Charles de la Ramière, père et filz.

(Original.)   Contre et signiet.

XV

LETTRE DE M. DE LOMÉNIE A M. DE PUYCHARNAUD

29 mai 1607.

Monsieur aussy tost que Poise (?) fust arrivé avec celle dont il vous a pleu m'honorer du XVe de févryer au roy celle que vous luy escrivyez, il m'a comandé l'incluse après l'avoyr comuniquée (?) avec M^r le garde des seaux (1) qui ne fust d'advis qu'on ne (?) rendist à M^r le duc de Buillon celle que vous luy escrivyez laquelle à ceste fin je vous renvoye. Je plains vostre disgrâce et encore plus que je ne vous y puys servir à mon gré. Dieu vous promestay et de ce je vous en donne ma parolle que si vous venez icy je vous asisteray en ce que je pouray à ce que au plus tost vous puissyez avoyr bonne et brièfve justice. Conservez moy l'assurance (?) de votre amityé et fetes estat

---

(1) Nicolas Bruslart de Sillery. Voir ci-dessus.

de mon service. Je vous baise byen humblement les mains et demeure
Votre plus humble serviteur
DELOMÉNIE.
Ce XXIXme may 1607 à Fontainebleau.

(Adresse :) — à Monsieur — Monsieur de Pucharnault gentilhomme
ordinaire de la chambre du Roy — à Pucharnault.

(En côté est écrit :) MONTOZON commissaire.

XVI

LETTRE DE HENRI IV A M. DE PUYCHARNAUD

26 janvier 1610.

Monsr de Peucharnauld, j'ai este bien aise d'aprendre par celle que vostre second fils (1) present porteur m'a randue que les choses soient telles que vous me mandes en la Guyenne. Vous me feres service fort agreable sy vous apprennes quelque chose important à mon service de m'en donner advis et d'asseurer tous ceulx de la religion prethenduc refformee que je leur aye accordés en ce maintennant en l'obeissance qu'ils me doibvent. Et sur ce, je prie Dieu qu'il vous ayt Monsr de Peucharnaud en sa s^te et digne garde. Escript à Paris le XXVIe jour de janvier 1610.

HENRY
DE LOMENIE.

(Adresse :) Monsr de Peucharnauld.

(Au dos est écrit :) Veu par nous conseiller ce IX novembre 1772. — Le chevalier de Lusson. — Le chevalier de Montgey.

Vu lesd. huict lettres. — DUPUY, commissaire.

Huict lettres escriptes par le Roy Henri Quatriesme et par Monsieur de Lomenie son secretaire à Monsieur Pecharnault, gentilhomme ordinaire de la Chambre du Roi et qui contiennent des advis qu'il leur donnoit pour les affaires du service de son estat et prière de continuer et qu'il seroit recompanssé etc., etc., et par la derniere le dit seigneur Roi se dict son bien affectionne amy — pour nobles Philippe et Charles de La Ramière père et fils.

Ne varietur RABASTENS, commissaire, MATON, commissaire.

(Original papier.)

---

(1) Gédéon de la Ramière, 2e fils de Jean de la Ramière, seigneur de Puycharnaud.

XVII

LETTRE DE M. DE LOMÉNIE A M. DE PUYCHARNAULT
25 mai 1610.

Monsieur,

Pour responce à la vostre du Ve de cestuicy, laquelle m'a esté randue puis quelques jours en ça je vous diray que nous en sommes plus aux termes ou nous en estions lorsque vous me l'escrivites. Car la mort du roy (1) intervenue despuis a bien fait changer tous nos desseings. Je me contenteray donc par ceste ci après vous avoir assuré de la continuacion de mon service et vous prie d'en voulloir faire estat et que l'occasion de la vous tesmoigner ne souffrira jamais que je ne l'embrasse de tout mon cœur. Toutes les nouvelles que nous avons sont que toutes choses sont paisibles quy n'est pas un petit contantement pour les gens de bien et de pouvoir passer le reste de ses jours en repos quy est ce que pour ceste heure vous aurez de moy quy finis pour vous baiser numblement les mains en qualité de

                          Vostre plus humble serviteur,
                                       DELOMÉNIE.

Ce XXVe may 1610 à Paris.

(Adresse :) — Monsieur — Monsieur de Pucharnaud gentilhomm ordinaire de la chambre du Roy.

(Au dos est écrit :) Lettre du s^r de Loménie — 25 mai 1610 — Lettre de Monsieur de Loménie secrétaire du Roi Henri Quatre à Mr de Pécharnault gentilhomme ordin^{re} de la chambre touchant les affaires de l'estat. — Pour nobles Philippes et Charles de la Ramière petits-fils.

                                  Contre coté et signée

XVIII

BREVET DE PENSION ACCORDÉ PAR LOUIS XIII
A GÉDÉON DE LA RAMIÈRE, SEIGNEUR DE PUYCHARNAUD.
17 février 1619.

Aujourd'huy XVIIe du mois de février mil six cens dix neuf, le Roy estant à Paris désirant gratiffier et favorablement traicter le S^r de

---

(1) Henri IV fut assassiné le 14 mai 1610.

Peucharnault, Gédéon de La Ramière, tant en considération des services que le feu Sr de Peucharnault son père luy a renduz que de l'affection particulière qu'il a tousiours tesmoignée au bien de son service et pour l'obliger d'aultant plus d'y continuer, Sa Majesté luy a accordé la somme de douze cens livres de pension à prendre sur les deniers que Sa Majesté a ordonnez à Me Ysaac du Candal, conseiller et secrétaire de Sa Majesté pour le payement des pensions qu'elle a accordées à aucuns de ses subiectz de la religion prétendue réformée. Voulant à ceste fin que iceluy Sr de Peucharnault fils, soit couché et employé en l'estat qu'il luy sera dressé pour c'est effect a commancer au premier jour de janvier dernier. En tesmoing de quoi Sa Majesté m'a commandé luy en expédier le présent brevet qu'elle a voulu signé de sa main, et faict contresigner par moy son conseiller secrétaire d'Estat et de ses commandemens.

Louis.

Phélypeaux.

XIX

LETTRE DE LOUIS XIII A M. DE PUYCHARNAUD.

3 janvier 1641.

Monsr de Picharnault, j'avois cy devant donné ordre à la compagnie de chevaux-légers que vous commandez pour mon service d'aler tenir garnison à Courtenay. Mais depuis, ayant pour certaines considérations changé de résolution, je vous faicts cette lettre pour vous dire qu'au lieu dudit Courtenay vous la fassie aller à Ferrière où je vous recommande de faire vivre les officiers et cavaliers de votre dite compagnie en sy bon ordre que je n'en reçoive aucunes plaintes ; et m'assurant que vous satisferés ponctuellement à ce qui est en cela de ma volonté, je prie Dieu qu'il vous ait Monsr de Picharnault, en sa sainte garde. Escrit à Paris le troiz^e jour de janvier 1641.

Louis.

Dublet.

(Adresse :) — Monsr de Picharnault, commandant une compagnie de chevaux-légers pour mon service, et en son absence à celui qui la commande.

(Au dos est écrit :) — Lettre de Louis XIII à M. Jean de La Ramière seigneur de Peucharnaud du 3 janvier 1641, bisayeul de Louis-Gabriel de La Ramière.

XX

BREVET DE CAPITAINE D'UNE COMPAGNIE
DE CHEVAU-LÉGERS POUR M. DE PUYCHARNAUD.

18 février 1641.

Louis, par la grâce de Dieu, Roy de France et de Navarre, à nostre cher et bien amé le Sr de Picharnault, salut. Ayans estimé à propos pour le bien de nostre service d'accroistre de quelques compagnies les forces de nostre cavallerie françoise de IIIIX^{xx} maîtres chacune et désirant donner le commandement de l'une d'icelles à quelque personne dont la valeur, générosité, expérience au faict des armées nous soit cognue, nous avons estimé ne pouvoir faire meilleur choix que de la vostre pour les premiers que nous avons reçeu et de votre fidélité et affection à nostre service, sage conduite et diligence. A ces causes, nous vous avons commis, ordonné et establi, commettons, ordonnons et establissons par ces présentes, signées de nostre main, pour lever et mettre sus incontinant et le plus diligemment qu'il vous sera possible une compagnie de chevaux-légers françois de IIII^{xx}X maîtres, les chefs et officiers compris, vestus à la légère, des plus vaillans et mieux montez que vous pourrez choisir ; laquelle vous commanderez en qualité de cappitaine et chef d'icelle, conduirez et exploicterez soubz l'auctorité de nostre très cher et bien amé cousin le comte d'Aletz, colonnel général de la cavallerie légère de France, et du S^r marquis de Praslin, mestre de camp général d'icelle. La part et ainsy qu'il vous sera par nous ou nos lieutenans generaux commandé et ordonné pour nostre service, et nous vous ferons payer ensemble les officiers et cavalliers de vostre dite compagnie des Estatz, appointements et soldes qui vous seront et à eux deubz suivant les monstres et revcues qui en seront faictes par les commissaires et controleurs de nos guerres à ce deppartis, tant et sy longuement que lad. compagnie sera sur pied pour nostred. service. Donnant ordre qu'elle vive si modestement que nous n'en recevions aucune plainte ; de ce faire vous donnons pouvoir, auctorité, commission et mandement spécial. Mandons à tous qu'il appartiendra qu'à vous en ce faisant soit obéy. Car tel est nostre plaisir. Donné à St-Germain en Laye le XVIIIe jour de febvrier l'an de grâce MVI^c quarante un et de nostre règne le trente un^e.

Louis.

Par le Roy : Dublet.

Nous duc d'Angoulesme, pair de France, collonel général de la cavallerie légère de France, conformément aux intentions du Roy nostre souverain seigneur mandons et ordonnons au Sr de Picharnault desnommé en la présente commission de conduire, commander et exploicter lad. compagnie de chevaux-légers soubz l'auctorité de nostre charge et celle de Monsr le marquis de Praslain, mestre de camp général de la cavallery, la paie et assignation (?) qu'il luy sera, par Sa Majesté et nous, ordonné et commandé pour son service. Faict à Paris le XXVIe de febvrier 1641.

Charles DE VALOYZ.

Par mond. seigneur collonel général,

DEMERCIER.

(En travers est écrit :) Veu par moy commissaire subdélégué,

MONTOZON.

(Sceau perdu sur simple queue de parchemin.)

XXI

BREVET DE CONSEILLER MAITRE D'HOTEL DU ROI
POUR M. DE PUYCHARNAUD.

1er février 1642.

De par le Roy,

Grand maistre de France, premier maistre de nostre hostel mareschal (?) ordinaire d'icelluy et vous maistres et conseillers de nostre chambre aux deniers, Salut ! Ayant esgards aux bons et fidelles services que nous rend continuellement le Sr de Peucharnaut et voulant en considération d'iceux le traicter le plus favorablement qu'il nous sera possible, icelluy pour ces causes et autres nous mouvans, avons cejourd'huy réservé et réservons par ces présentes, signées de nostre main des lettres et charges de l'un de nos conseillers et maistres d'hostel ordinaires pour doresnavant nous y servir, tenir estat et charge, exercer et jouir et user aux honneurs, auctoritez, prérogatives, préminences, priviléges, franchises, libertez, gages, droictz, fruicz, proffits, revenus, émolumens accoustumez et qui y appartiennent tant qu'il nous plaira. Si voulons, à tous, mandons que dud. Sr de Peucharnault prinz et receu le serment en tel cas requis et accoustumé, vous, ceste nostre présente receue, enregistriez ou faciez enregistrer et rayés papiers et escrous en nostred. chambre aux deniers, et du contenu en icelle le faciez et laissiez jouir et user plainement et paisiblement. Mandons en oultre aux trésoriers généraux de nostre maison que les gages et droictz de lad. charge appartenans, soient paiés aud. Sr de Peucharnaut doresnavant par chacun an au jour et à la manière accoustumée suivans noz estatz. Car tel est nostre plaisir. Donné à Fontainebleau, sous nostre seel.

Ce premier jour de febvrier 1642.

Louis.

Par le Roy : DE LOMÉNIE.

(Au-dessous est écrit :) Aujourd'huy à Fontaine Belleaux XXIIIIe jour de juillet MVI^c quarante deux, au bureau du Roy tenu par messire Le Roys de Comminges, marquis de Verain, conseiller du Roy en son conseil et premier maître de son hostel. Le Sr de Peucharnault desnommé en ces présentes a fait et presté le serment de fidélité qu'il doit au Roy pour raison de l'estat et charge de conseiller et maistre d'hostel du Roy auquel il a pleu à Sa Majesté le retenir comme il est plus amplement contenu en ses présentes lettres, lesquelles ont esté registrées ès registres du controlle général de la Chambre aux deniers du Roy par moy conseiller de Sa Majesté en ses conseils et controlleur général de sa maison et de lad. chambre aux deniers de Sad. Majesté et présent aud. serment soussigné le jour et an que dessus.

PARFAICT.

(Sceau plaqué perdu.)

XXII

BREVET DE PENSION ACCORDÉE PAR LOUIS XIV

A JACQUES DE LA RAMIÈRE SEIGNEUR DE PUYCHARNAUD

29 avril 1649.

Louis, par la grâce de Dieu, roi de France et de Navarre à nos amez et féaux conseillers les gens de nos comptes, à Paris, salut. Voulant recognoistre les bons et fidelles services qui nous ont esté rendus par nostre cher et bien amé Jacques de La Ramière, s^r de Peucharnaud, mareschal des logis des chevaux-légers de la garde de la Reyne régente nostre très honorée Dame et Mère, et luy tesmoigner la satisfaction qui nous en demeure, comme aussy luy donner d'autant plus de moyen de les continuer A ces causes et autres à ce nous mouvans de l'avis de lad. Dame Reyne Régente, nous luy avons accordé et fait don, accordons et faisons don par ces présentes, signées de nostre main de la somme de deux mil livres de pention par chacun an à prendre sur les deniers tant ordinaires qu'extraordinaires de nostre espargne que nous voulons luy estre doresnavant payée par les trésoriers d'iceluy présents et à venir chacun en l'année de son exercice à commencer du premier jour de la présente année. Sy vous mandons et ordonnons que ces présentes vous ayez à faire enregistrer et du contenu en icelles faire jouir et user pleinement et paisiblement led. s^r de Peucharnaud ; mandons aussy à nos amez et féaux conseillers en nos conseils et trésoriers de nostre espargne présents et avenir chacun en l'année de son exercice de paier aud. s^r de Peucharnaud lad. somme de deux mil livres par chacun an au terme et en la manière accoustumée en vertu de nos estats et des présentes, rapportant lesquelles ou coppie d'icelles deuement collationnées pour une fois seulement avec quittance dud. s^r de Peucharnaud sur ce suffisante nous voulons lad. somme de deux mil livres estre passée et allouée en la despense de leurs comptes déduicte et rabattue de la recepte d'iceux par vous, gens de nosd. comptes, vous mandant ainsy le faire sans difficulté. Car tel est nostre plaisir.

Donné à St Germain en Laye le XXIXe jour d'avril, l'an de grâce mil six cens quarante neuf et de nostre règne le sixième.

Louis.

Par le Roy, la Reyne Régente sa mère présente,
De Loménie.

XXIII

DÉMISSION DE LA CHARGE DE CONSEILLER MAITRE D'HOTEL
DU ROI PAR JEAN DE LA RAMIÈRE EN FAVEUR DE JACQUES SON FILS.

10 septembre 1650.

Aujourd'huy est comparu par devant le notaire royale soubzsigné Jean de La Ramière, escuyer, sieur de Puecharnault, la Maison Neufve et Croix de Bert, maistre d'hostel chez le Roy, lequel de sa franche volonté, et soubs le bon plaisir de Sa Majesté et de la Reyne régente sa mère, s'est desmis et desmet de sad. charge de maistre d'hôtel du Roy ; et ce, pour et au nom, proffit et faveur de Jacques de La Ramière, escuyer, sieur de la Sudrie, son fils, mareschal des logis de la Compagnie des chevaux-légers de la garde d'ordonnance de la Reyne, et non d'autre. Suppliant très humblement Leurs Majestés luy en faire expédier leurs brevets et lettres à ce nécessaires, et généralement..., oblige, renonce, etc...

Faict et passé au chasteau de Sainct Maigrin en Xaintonge le dixième septembre mil six cens cinquante, ès présences de Jean de

Bannes, escuyer, sr de Laborde, et Me Louys Dohet, advocat en parlement, juge sénéschal dud. Sainct Maigrin.

Signés avec led. sr de Puecharnault demettant, et moy dit notaire.

JEHAN DE LA RAMIÈRE, LABORDE,
DOHET, DEPLANIS.

XXIV

LETTRES DE SURVIVANCE DE LA CHARGE DE CONSEILLER MAITRE D'HOTEL DU ROI EN FAVEUR DE JACQUES DE LA RAMIÈRE.

26 septembre 1650.

De par le Roy

Grand maistre de France, premier maistre, et maistres ordinaires de notre hostel et vous maistres et controlleurs de nostre chambre aux deniers, salut! Ayans esgards aux bons et agréables services que nous a rendus en plusieurs ocasions Jean de La Ramière, écuier, sr de Puecharnault, l'un de nos conseillers et maistres d'hostel ordinaires et inclinant à la très humble supplication qu'il nous a faicte de luy acorder la survivance de sa charge en faveur de Jacques de La Ramière, escuyer, sr de la Sudrie, son filz, mareschal des logis de la Compagnie de chevaux-légers de la Reyne régente, nostre très honorée dame et mère. Pour ces causes, nous l'avons, de l'avis de nostre dite dame et mère, cejourd'huy retenu et retenons par ces présentes signées de nostre main aud. estat et charge de l'un de nos conseillers et maistres d'hostel ordinaires dont est pourveu led. sr de Puecharnault, son père, lequel à ceste fin s'en est volontairement desmis en nos mains à son proffit, à condition de survivance par sa procuration cy attachée. Pour doresnavant nous y servir, ced. estat et charge exercer, en jouir et user aux honneurs, auctoritez, prérogatives, prééminences, privilèges, franchises, libertez, gages, droicts, fruicz, proffits, revenus, émolumens accoutumez et qui y appartiennent tels et semblables qu'en jouit led. sr son père, tant qu'il nous plaira, sans qu'advenant le décès de l'un d'eux lad. charge puisse estre prétendue vacante ny imputable sur le survivant auquel nous l'avons par exprès réservée et réservons par ces présentes. Si voulons, avons, mandons, que dud. sr de la Sudrie pris et receu le serment en tel cas requis et accoustumé, Vous, ceste nostre (*présente*) retenue, faciez enregistrer, enregistrant ès escrits nostred. Chambre aux deniers et du contenu en icelle le faciez jouir et user plainement et paisiblement et à luy obéir et entendre de tous ceux et ainsy qu'il appartiendra ès choses concernant lad. charge. Mandons en outre aux trésoriers généraux de nostre maison que les gages et droictz de lad. charge appartenans, ils continueront de payer aud. s^r de Puecharnaud sa vie durant et après son décedz à son fils doresnavant par chacun an au terme et en la manière accoustumée, suivant nostre estat. Car tel est nostre plaisir. Donné à Bourg soubz le seel de nostre secrétaire le XXVIme septembre mil six cens cinquante.

Louis.

Par le Roy, la Reyne régente sa mère présente,

De Guénégaud.

(Au-dessous est écrit :) Aujourd'huy XIIme octobre 1650, au Bureau du Roy tenu à Bourdeaux ès présence des s^{rs} de Jouvigny et de la Bardouillière, conseillers et maistres d'hostel estant en le s^r de Pucharnault a fait et presté le serment de fidélité qu'il doit au Roy pour raison de l'estat et charge de l'un de ses conseillers et maistres d'hostel ordinaires ; moy, conseiller du Roy en ses conseils et controlleur général de sa maison et chambre aux deniers de saditte Majesté, présente audit serment le jour et an que dessus.

L. Parfaict.

XXV

COMMISSION DE CHEVAU-LÉGERS DE NOUVELLE LEVÉE
AU RÉGIMENT DU Sr VICOMTE DE St-MATHIEU POUR LE S^r DE PUYCHARNAUD.

24 septembre 1651.

Louis, par la grâce de Dieu, Roy de France et de Navarre à nostre cher et bien amé le S. de Puycharneau, salut. Ayantz résolu d'augmenter les trouppes que nous avons sur pied de quelques compagnies de chevaux-légers, et désirantz donner le commandement à l'une d'icelles à une personne qui s'en puisse dignement acquitter, nous avons estimé ne pouvoir faire pour cette fin un meilleur choix que de vous pour les tesmoignages qui nous ont esté renduz de vostre valleur, expérience en la guerre, vigilance et bonne conduitte et de vostre fidélité et affection à nostre service. A ces causes et autres à ce nous mouvantz, nous vous avons commis, ordonné et estably, commettons, ordonnons et establissons par ces présentes, signées de nostre main, cappitaine d'une desd. compagnies de chevaux-légers, laquelle vous léverez et mettrez sur pied le plus diligemment qu'il vous sera possible, du nombre de IIII^{xx}X maîtres les officiers compris, montés et armés à la légère des meilleurs, plus vaillantz et aguerris soldatz que vous pourrez trouver ; et icelle commanderez, conduirez et exploicterez soubz l'auctorité de nostre très cher et très amé cousin le duc d'Angoulesme, pair et colonel général de la cavallerie légère de France, et du Sr de Paluau, maître de camp général d'icelle, ainsy qu'il vous sera par nous ou noz lieutenantz généraux commandé et ordonné pour nostre service. Et nous vous ferons payer ensemble les officiers et chevaux-légers de vostre compagnie des estatz, appoinctementz et soldes qui vous seront et à eux deubz suivant les monstres et reveues qui en seront faictes par les commissaires et controolleurs des guerres à ce départis, tant et si longuement que lad. compagnie sera sur pied pour nostre service, tenant la main à ce qu'elle vive en si bon ordre et police que nous n'en puissions recevoir de plainte. De ce faire vous donnons pouvoir, commission et mandement spécial, mandons à tous qu'il appartiendra qu'à vous en ce faisant soit obéy. Car tel est nostre plaisir. Donné à Paris le vingt-quatre septembre l'an de grâce MVI^c cinq^{te}-un, et de nostre règne le neuf^e.

                  Louis.

Par le Roy : De Loménie.

XXVI

BREVET DE CORNETTE DE CHEVAU-LÉGERS
DE LA REINE-MÈRE POUR M. DE PUYCHARNAUD.

30 juin 1655.

Aujourd'huy XXXe du mois de juin 1655, le Roy estant à la Fère voullant recongnoistre les bons et fidelles services que luy rend journellement le S^r de La Ramière Puycharnault dans ses armées et en diverses occasions et employs de guerre qui luy ont esté confiez où il a donné des preuves de sa valeur, expérience en la guerre, vigilance et bonne conduitte, et de sa fidellité et affection à son service ; Sa Majesté l'a retenu, ordonné, et estably en la charge de cornette de la compagnie de chevaux-légers de la Reyne mère de Sa Majesté, vacante par la démission qu'en a faicto le S^r vicomte de St-Mathieu qui en estoit pourveu, pour en faire par led. Sr de Puycharnault les fonctions et en jouir aux honneurs, auctoritez, prérogatives, prééminences, estatz, et appoinctements qui y appartiennent, tels et semblables dont a jouy ou deub jouir led. S^r de St-Mathieu. M'ayant, Sa

Majesté pour tesmoignage de sa vollonté commandé d'en expédier le présent brevet, qu'Elle a signé de sa main et faict contresigner par moy, son conseiller, secrétaire d'Estat et de ses commandements et finances.

Louis.

Le Tellier.

XXVII

LETTRES DE BOURGEOISIE DE LA VILLE DE GENÈVE
ACCORDÉES A PIERRE DE LA RAMIÈRE.
27 septembre 1721.

Nous, sindics et conseil de la République de Genève, faisons savoir à tous qu'il apartiendra que sieur Pierre, fils de feu sieur Claude de La Ramière, seigr de Prades, écuier, de Tonneins en Guienne, aiant été par Nous apellé depuis six années du service de Leurs Hautes Puissances, Messieurs les Etats-Généraux des Provinces-Unies des Païs Bas, où il était ingénieur, pour nous servir dans la même qualité, il en auroit dez lors rempli les devoirs avec toute la capacité et le zèle que nous pouvions désirer, et à l'entière satisfaction de notre Chambre des Fortifications, de manière que venant de perfectionner notre nouvelle enceinte dans l'endroit le plus difficile par les nouveaux bastions du Pin et de Saint-Antoine, et désirant lui marquer notre satisfaction de ses services et de sa bonne conduite et l'encourager en même tems par un nouveau témoignage de notre estime, affection et confiance : Par meure délibération de notre Conseil, nous l'avons receu, comme nous le recevons au nombre de nos Bourgeois, gratis et sans finance, voulons et ordonnons qu'à l'avenir et perpétuellement tant lui que ses enfants naturels et légitimes jusques à l'infini puissent jouir de tous les Droits, Privilèges et Honneurs annexés à nos Bourgeois, tandis qu'ils feront leur Habitation dans notre Ville, nous aïant volontairement promis et juré sur les Saintes Ecritures de Dieu. En premier lieu de vivre selon la Religion Réformée, ainsi qu'elle est professée en cette ville, et d'être fidèle à l'Etat et de nous obéïr et à nos officiers, d'observer et garder les Edits, les Ordonnances, les Droits et les Règlements de la Ville, de contribuer de tout son pouvoir à l'observation de tout ce qui sera fait pour le bien de l'Etat, de venir au Conseil général quand il y sera apellé, de tenir secret tout ce qui y sera dit, sinon que la matière dût être divulguée, de faire tout ce qui dépendra de lui pour le bien, l'honneur et l'utilité, de se fournir d'armes pour la défense de la ville, selon son pouvoir, d'y acheter des maisons et des possessions dans la Souveraineté selon ses facultés, de n'amener ni sortir les marchandises d'autruy en son nom pour frauder les droits de la Seigneurie, de ne s'absenter de la ville en tems de nécessité, et de n'en point sortir sans congé, pour aller habiter ailleurs, et de ne faire ni souffrir être faites aucunes pratiques ni machinations contre la Religion réformée, contre le magistrat, contre les édits, les ordonnances et les droits de l'Etat, mais de nous révéler et raporter le tout quand il l'aura aperçeu. Et en général il nous a promis de faire toutes autres choses convenables à la présente bourgeoisie et à un vray et fidèle bourgeois. En foy de quoi nous avons donné les présentes sous notre seau et seing de notre secrétaire, ce vingt-septième septembre mille sept cent vint-un.

Par mesdits Seigneurs sindics et conseil.

BURLAMAQUI (1).

(Au bas, un sceau de la ville de Genève, plaqué.)

(Au dos est écrit :) BOURGEOISIE.

Pour sieur Pierre De la Ramière : Seig^r de Pradez.

Du 27 septembre 1721.

---

(1) J.-J. Burlamaqui, moraliste, né à Genève, en 1694, d'une famille d'origine italienne, professa le droit naturel à Genève et entra, à la fin de sa vie, dans le Conseil souverain de cette ville. Il mourut en 1748.